CATALOGUE

D'UNE

TRÈS-JOLIE RÉUNION

DE

TABLEAUX

DE

L'ÉCOLE FRANÇAISE & DES ÉCOLES ÉTRANGÈRES

DESSINS, AQUARELLES

STATUES, TERRE CUITE

DONT LA VENTE AUX ENCHÈRES PUBLIQUES AURA LIEU

POUR CAUSE DE DÉCÈS

HOTEL DES COMMISSAIRES-PRISEURS

RUE DROUOT, N° 5

SALLE N° 4

Le Lundi 30 Avril 1860

A 2 HEURES 1/2

Par le ministère de M° ESCRIBE, Commissaire-Priseur,
Successeur de M. RIDEL, 217, rue Saint-Honoré,
Assisté de M. FERDINAND LANEUVILLE, Expert,
73, rue Neuve-des-Mathurins,
CHEZ LESQUELS SE DISTRIBUE LE CATALOGUE.

EXPOSITION PUBLIQUE

Le Dimanche 29 Avril 1860, de midi à 5 heures.

—

1860

CONDITIONS DE LA VENTE

Elle sera faite au comptant.

Les acquéreurs paieront, en sus des adjudications, cinq pour cent applicables aux frais.

TABLEAUX

École Française.

BATISTE.

1 — Vase de fleurs.

DU MÊME.

2 — Même sujet.

BOUCHER. (François).

3, 4, 5, 6 — Quatre beaux dessus de portes dans leurs boiseries sculptées ; ils représentent les attributs des arts et des sciences.

(Ce lot pourra être divisé.)

BOUCHER (François).

7 — Le Triomphe d'Amphitrite.

Riche et gracieuse composition de quarante figures.

(Peinture monochrome bistrée de la plus grande vigueur.)

DU MÊME.

8 — Portrait de jeune fille en buste.

Elle porte des cheveux poudrés, un fichu garni de dentelles et de rubans.

(Forme ovale.)

CASANOVA.

9 — La Halte.

CHALLE.

10 — Jeune fille nue se baignant dans un ruisseau ombragé par des saules.

(Peinture d'un charmant effet.)

COYPEL.

11 — Vénus, Bacchus et des amours.

DU MÊME.

12 — Diane contemplant Endymion endormi.

DANLOUX.

13 — Tête de jeune fille.

(Ovale.)

DESHAYES.

14 — Bacchante surprise par un satyre.

DESPORTES.

15 — Chien en arrêt devant un faisan.

FRAGONARD (H.).

16 — Paysage avec des animaux.

(Vigoureuse peinture dans le style de Ruysdaël.)

DU MÊME.

17 — Le Triomphe de la Justice.

Esquisse de plafond, dans le style de Rubens.

(Forme ovale sur un toile carrée.)

GARNIER.

18 — Souvenir de l'enfant chéri.

GARNIER.

19 — Le Coup de vent sur le Pont-Royal.

GILLOT.

20 — Acteurs de la Comédie italienne.

GREUZE.

21 — Tête de femme.

HUET.

22 — Paysage orné de figures.

HUET.

23 — Pendant du précédent.

LAGRENÉE (L.).

24 — Vénus contemplant Adonis endormi. Son chien est près de lui.

LAJOUE.

25 — Le Régent et ses maîtresses au château d'E-couen. Le cardinal Dubois plaisante avec l'une d'elles.

LANCRET (N.).

26 — La belle Grecque.

Elle est vêtue d'une robe de soie rouge garnie de fourrures.

(Gravé par Crépy fils.)

LANCRET.

27 — La Joie du théâtre.

(Gravé.)

DU MÊME.

28 — Une séance du Parlement sous Louis XV.

DU MÊME.

29 — La Fortune distribuant ses faveurs.

DU MÊME.

30 — La Toilette.

Deux jeunes soubrettes à la mine éveillée sont occupées à coiffer leur maîtresse.

LANCRET.

31 — Le Concert.

(Effet de lumière.)

LANCRET (Genre de).

32 — Halte de chasseurs.

LARGILLIÈRE.

33 — Portrait d'un seigneur de la cour de Louis XIV.

DU MÊME.

34 — Portrait d'une dame de qualité.

(Pendant du précédent.)

LEBRUN.

35 — Tête de vierge.

(Collection Noé.)

LEDOUX (Mlle).

36 — La Prière.

LEMOINE.

37 — Une Nymphe se défendant des attaques de l'Amour.

MOREAU (L.), l'aîné.

38 — Parc à la française, avec statues et figures.

MOREAU (L.) l'aîné, signé L. M.

39 — Parc à la française, avec escaliers, terrasses, vases et figures.

(Ce tableau et le précédent font pendant.)

MOUCHET.

40 — Portrait de femme.

Elle s'appuie sur une table couverte d'un tapis, supportant un vase de fleurs; elle tient sur ses genoux un petit chien.

(Ce tableau a été vendu plusieurs fois sous le nom de Chardin, dont il rappelle l'exécution.)

OUDRY.

41 — Chien en arrêt. Étude.

DU MÊME.

42 — Chien en arrêt devant une perdrix.

PÉRIER.

43 — L'Enlèvement d'Europe.

DU MÊME.

44 — Sujet mythologique.

(Pendant du précédent.)

PRUDHON.

45 — Portrait de Napoléon Ier dans sa jeunesse, en costume de ville.

ROBERT (H.).

46 — Dame de qualité.

SANTERRE.

47 — Jeune fille jetant une lettre par la fenêtre.

TARAVAL.

48 — Portrait de Mirabeau.

TOCQUÉ.

49 — Portrait de M. de Marigny.

VAN LOO (A.).

50 — Portrait de femme en buste.

> Elle porte des fleurs dans ses cheveux poudrés et tient un serin sur son doigt.
>
> (Forme ovale sur une toile carrée.)

WATTEAU.

QUATRE FRISES.

51 — Les adieux de Vénus et d'Adonis.

52 — La mort d'Adonis.

53 — La naissance de Vénus.

54 — Les amours de Mars et de Vénus.

DU MÊME.

55 — Le Guitariste.

DU MÊME.

56 — Portrait du financier Beaujon.

ÉCOLE FRANÇAISE.

57 — Nature morte.

DE LA MÊME.

58 — Paysage avec ruines.

DESSINS, PASTELS

~~~~~~

BOUCHER.

59 — Jeune fille endormie.

(Pastel.)

DU MÊME.

60 — Pendant du précédent.

(Pastel.)

FRAGONARD.

61 — Le Baiser.

(Mine de plomb.)

HUET.

62 — Scène pastorale.
(Dessin rehaussé.)

LANCRET.

63 — Pastorale.
(Gouache.)

MALLET.

64 — L'Offrande.
(Aquarelle.)

MIGNARD.

65 — Agar dans le désert.
(Gouache sur vélin.)

PATER.

66 — Croquis.

(Sanguine.)

SANTERRE.

67 — Portrait d'une femme de qualité. Costume du temps de Louis XIV.

(Pastel.)

DU MÊME.

68 — Portrait de femme Costume du temps de Louis XIV.

(Pastel.)

VIGÉE LEBRUN (Mme).

69 — Une Vestale.

(Pastel.)

WATTEAU.

70 — Croquis.

(Sanguine.)

ÉCOLE FRANÇAISE.

71 — Le Concert.

(Aquarelle.)

DE LA MÊME.

72 — La Lutte.

(Fusin.)

Écoles Diverses.

BONNINGTON.

73 — Vue prise en Ecosse.

D. C. (Signé).

74 — Le port de Dieppe.

DELEN (Van).

75 — Intérieur de l'Hôtel-de-Ville de Delft.

D. H. (Signé).

76 — Portrait présumé du prince d'Orange.

ECKOUT (Van den).

77 Aman et Assuérus.

FRANCK.

78 — Deux personnages dans un intérieur Costume du temps de Henri II.

GUTTENBRUNN, signé, daté, 1788.

79 — Mme la comtesse de Provence en Diane chasseresse.

HUYSMANS DE MALINES.

80 — Lisière d'une forêt.

KOBEL.

81 — Troupeau de vaches sur la lisière d'une forêt. Effet de soleil couchant.

LIEVENS, signé D. Ls.

82 — Laban réclamant ses idoles.

MOUCHERON.

83 — Paysage. Chasse au cerf.

OMMEGANCK.

84 — La Sortie de la bergerie.

DU MÊME.

85 — Moutons à l'abreuvoir.

PORBUS.

86 — Portrait d'un magistrat. Epoque de Henri IV.

RICKAERT (D.).

87 — Intérieur de l'échoppe d'un savetier.

ROMEYN (Van).

88 — Site montagneux. Animé par de nombreux troupeaux.

RUBENS (École de).

89 — La sainte Vierge, l'Enfant Jésus et sainte Anne.

SCHALKEN, signé, daté.

90 — L'Éducation du chien.

TENIERS, signé.

91 — L'Alchimiste.

(Cabinet Nostwich.)

TENIERS (Attribué à).

92 — Un Alchimiste.

DU MÊME.

93 — Laboratoire d'un apothicaire.

VALSCAPPEL.

94 — Pêches sur une table.

AQUARELLES

EISEN.

95 — La Leçon du chien.

(Aquarelle.)

OSTADE (Adrien Van).

96 — Les Joueurs de trictrac.

(Aquarelle.)

STATUES

97 — Une nymphe.
(Marbre blanc demi-nature.)

98 — Une nymphe.
(Marbre blanc demi-nature.)

99 — Buste du cardinal de Bernis.
(Marbre.)

100 — Nymphe couchée.
(Terre cuite Marin.)

www.ingramcontent.com/pod-product-compliance
Lightning Source LLC
Chambersburg PA
CBHW051532240526
45471CB00019B/1318